MAX IMBODEN

Montesquieu und die Lehre der Gewaltentrennung

SCHRIFTENREIHE
DER JURISTISCHEN GESELLSCHAFT e.V.
BERLIN

Heft 1

Berlin 1959

WALTER DE GRUYTER & CO.

vorm. G. J. Göschen'sche Verlagshandlung · J. Guttentag, Verlagsbuchhandlung
Georg Reimer · Karl J. Trübner · Veit & Comp.

Montesquieu und die Lehre der Gewaltentrennung

Von

Dr. Max Imboden

Prof. an der Universität Basel

Vortrag
gehalten vor der
Berliner Juristischen Gesellschaft
am 27. Mai 1959

Berlin 1959

WALTER DE GRUYTER & CO.

vorm. G. J. Göschen'sche Verlagshandlung · J. Guttentag, Verlagsbuchhandlung
Georg Reimer · Karl J. Trübner · Veit & Comp.

VERLAGSARCHIV

Archiv-Nr. 272759/1
Satz und Druck: Berliner Buchdruckerei Union G. m. b. H., Berlin SW 61

I. Montesquieu als Vertreter abendländischen Staatsdenkens

Seitdem das letzte Viertel des 18. Jahrhunderts dem Bürger den Zugriff auf die Verfassung freigab, seitdem das staatliche Grundgesetz zur bewußt gestalteten menschlichen Ordnung wurde, ist die Frage nach den überkonstitutionellen Normen, nach den hinter der sichtbaren Verfassung stehenden Werten, zum Schicksalsproblem der Staatslehre geworden. Wo liegt das Maß der in der Verfassungsurkunde niedergelegten Institutionen? Aus welchen Quellen können wir schöpfen, wenn die positive konstitutionelle Ordnung zerbricht? Welche Macht vermag den Weg zu weisen und welcher Damm vermag noch Halt zu gebieten, wenn sich einmal die vordringenden Kräfte der höchsten äußeren Autorität — der verfassungsändernden Gewalt — bemächtigt haben?

Die großen deutschen Staatsdenker des beginnenden 19. Jahrhunderts haben die Antwort aus der Geschichtlichkeit ihres Volkes zu geben versucht. „Verfassungen bilden" — so schrieb der F r e i - h e r r v o m S t e i n 1816 in seiner berühmten Denkschrift für den Großherzog von Baden[1]) — „heißt bei einem alten Volk . . . nicht, sie aus dem Nichts schaffen, sondern den vorhandenen Zustand der Dinge untersuchen, um eine Regel aufzufinden, die ihn ordnet; und allein dadurch, daß man das Gegenwärtige aus dem Vergangenen entwickelt, kann man ihm Dauer in die Zukunft versichern". G e o r g W i l h e l m F r i e d r i c h H e g e l sagte wenige Jahre später das nämliche: „eine Verfassung ist kein bloß Gemachtes; sie ist die Arbeit von Jahrhunderten, die Idee und das Bewußtsein des Vernünftigen, in so weit es in einem Volk entwickelt ist"[2]).

Für die Verfassungsschöpfer der Neuen Welt, für die Autoren des F e d e r a l i s t vor allem, konnte freilich die Geschichtlichkeit ihres Volkes nicht die letztlich tragende Kraft sein. Zurückgreifend

---

[1]) B o t z e n h a r t / I p s e n , Freiherr vom Stein, ausgewählte politische Briefe und Denkschriften, 1957 S. 371.

[2]) G. W. F. H e g e l , Grundlinien der Philosopie des Rechts, Zusatz zu § 274.

auf einen mehr als zwei Jahrtausende umschließenden Bestand
staatsphilosophischen Denkens, sich stützend auf jene mächtigen
Säulen, die das politische Bewußtsein des Europäers tragen, strebten
sie über ihren Raum hinaus. Die Verfassung sollte, wie ein Wort
Hamiltons lautet, „the greatest of all reflections on humane nature"
werden; sie sollte Ausdruck einer Anthropologie, ja (in einer an
P l a t o n erinnernden Sicht) ein Bildnis der menschlichen Seele
sein[3]).

Beide Antworten, der Rückgriff auf die konkrete Geschichtlichkeit wie das Hinwenden zum überkommenen Erbgut abendländischen Staatsdenkens, sind Bezugnahmen auf M o n t e s q u i e u.
Den vernünftigen Sinn des Gewordenen zu erhellen, den Geist der
bestehenden Institutionen aus Geschichte und Umwelt zu erkennen,
ist der Leitgedanke des weltoffenen Empirikers, des liebevollen
Sammlers politischer, historischer und geographischer Einzelheiten.
Die Grundprinzipien der sozialen Gemeinschaft aus den großen
Quellen des europäischen Denkens über den Staat zu erschließen,
ist das Anliegen des spekulativen Betrachters; als einer der Letzten
steht Montesquieu in der großen Reihe der den klassischen Ursprüngen verpflichtet gebliebenen Staatsdenker.

Als Mittler und Deuter der in der griechischen Polis geprägten,
durch das weltliche und sodann durch das christliche Rom aufge-
nommenen und schließlich in der Renaissance und in der Aufklärung neubelebten humanistisch-christlichen Staatsidee ist
Montesquieu einer unserer Nächsten. Sähen wir ihn nur als Vertreter einer historisierenden Verfassungsvorstellung, so vermöchte
er uns heute kaum mehr anzusprechen. Die ständisch-monarchischen
Strukturen, die kunstvoll aus dem Mittelalter überkommenen
« p o u v o i r s   i n t e r m é d i a i r e s », an die Montesquieu vor
allem anzuknüpfen trachtete, sind auf dem europäischen Kontinent
entweder zerbrochen oder doch zu mehr symbolhaften Formen verblaßt. In den nicht-kommunistischen Staaten verlief der Austil-
gungsprozeß am radikalsten in Frankreich und in Deutschland. Die
vorzüglich in diesen Ländern in den Zeiten des Umbruchs immer
wieder vollzogene Rückkehr zu Montesquieu gilt nicht dem Wahrer
des geschichtlich Gewordenen; sie ist eine Rückkehr zu einem

---

[3]) F e d e r a l i s t , Nr. 51 Absatz 4 Satz 6.

ideengeschichtlichen Fundus staatsgestaltender Prinzipien. Wo sich, angesichts des Versagens der sichtbaren Verfassung, der bodenlose Abgrund zu öffnen droht, bietet eine aus dem geistigen Bewußtsein entnommene Ordnungsschicht neuen Halt. Kein Zufall ist es daher, wenn sich die deutsche Lehre vielleicht zu keiner anderen Zeit so sehr zu Montesquieu hinwandte wie in den ersten Jahren nach 1945.

Es ist das tiefste Anliegen des einem christlichen Humanismus verpflichteten abendländischen Staatsdenkens, dem Menschen durch die Gestaltung des sozialen Daseins wahre innere Autonomie zu verleihen, ihn aus dem Bann der die geistige Existenz bedrohenden unerhellten Kräfte zu lösen und ihn damit für seine eigentliche Bestimmung freizumachen. In seiner Lehre von der Gewaltendreiheit hat Montesquieu eine Formel geprägt, die wie vielleicht kein anderes Dogma zur Hoffnung für den freiheitsuchenden modernen Menschen wurde. Beruht diese Hoffnung auf einer Täuschung? oder hat im Gegenteil jener sonst so nüchterne Vertreter der politischen Wissenschaft[4]) recht, der unserer Zeit einen neuen Durchbruch der Gedanken Montesquieus verheißt? Es sei mir gestattet, den Versuch zu machen, auf diese anspruchsvolle Frage eine Antwort zu geben.

II. Der Streit um die historische Wahrheit und um die Ursprünglichkeit der Teilungslehre

Für eine nur wenig zurückliegende Zeit stand in der Auseinandersetzung mit Montesquieu das Problem der dokumentarischen Echtheit und Ursprünglichkeit der Teilungslehre im Vordergrund. In seltsamer Weise hat der Schloßherr von La Brède im berühmten sechsten Kapitel des elften Buches des „Esprit des Lois" zur Begründung der Teilungslehre eine Analyse bestehender und historischer Institutionen mit rein doktrinären Deduktionen verbunden. Keine der nur darstellenden Partien nimmt ausdrücklich auf England Bezug. Wohl aber trägt das ganze Kapitel in seiner definitiven Fassung die Überschrift: „De la constitution d'Angleterre"; nach einem früheren Konzept des Verfassers hätte der

---

4) A. J. Z ü r c h e r, Verfassungen nach dem zweiten Weltkrieg, Meisenheim, 1956 S. 247 „An seinem ihm bestimmten Tage wird der neue Montesquieu auferstehen".

Titel lauten sollen: „D e s p r i n c i p e s d e l a l i b e r t é p o l i -
t i q u e , c o m m e n t o n l e s t r o u v e d a n s l a c o n s t i t u -
t i o n d ' A n g l e t e r r e". Hat Montesquieu das politische Gefüge Englands im zweiten Viertel des 18. Jahrhunderts richtig
wiedergegeben?

In der klassisch gewordenen modernen Staatslehre dominiert
eine zwar mit Zurückhaltung vorgetragene, in der Grundtendenz
indessen deutlich kritische Beurteilung[5] „Kenner des Verfassungs-
rechtes" — so schreibt z. B. G a e t a n o M o s c a[6] — „haben ge-
zeigt, daß die von Montesquieu behauptete absolute Trennung
der drei Gewalten nicht besteht und nicht bestehen kann, und daß
es auch nicht gerade drei Gewalten sein müssen". Weit schärfer
noch pflegten bis in die jüngste Zeit französische und anglo-
amerikanische Historiker[7] mit Montesquieu ins Gericht zu gehen.
Zwischen der englischen Praxis und ihrer Beurteilung durch
Montesquieu — so lautet eine besonders einprägsame Formulierung[8] — gebe es nur etwas Gemeinsames, nämlich "l e n o m b r e
t r o i s", die nackte Dreizahl. Ein anderer französischer Autor[9]
drückt sich noch einfacher aus: „L ' A n g l e t e r r e d e M o n t e s -
q u i e u c ' e s t l ' U t o p i e". Die widerspruchsvolle Beurteilung
Montesquieus, die zwischen der Degradierung zum zweitrangigen
Kompilator und der Erhebung zum gefeierten Begründer moderner
Staats- und Rechtssoziologie schwankt[10], wird damit um eine
weitere Variante bereichert: der Franzose geht in die Reihe der
idealisierenden Utopisten ein.

Für keinen anderen der modernen Staatsdenker — läßt man
M a c c h i a v e l l i beiseite — gilt vielleicht so sehr wie für Montes-

---

[5] Typisch für diese unbesehen übernommene Meinung: W. M a r t i n i , Das
Ende aller Sicherheit, 1954 S. 60. Vgl. auch H. P e t e r s , Die Gewaltentrennung in moderner Sicht, Köln 1954.

[6] G. M o s c a , Die herrschende Klasse, 1950 S. 121.

[7] I l b e r t / C a r r , Parliament, 3. Aufl., 1953 S. 195; O. W. H o l m e s ,
Collected Legal Papers (Einleitung zu einer Montesquieu-Ausgabe von 1900)
S. 250 ff.

[8] S e i g n o b o s , „La séparation des pouvoirs" in Etudes de politique et
d'histoire, 1934 S. 184.

[9] B. M i r k i n e - G u e t z é v i t c h , Revue internationale de droit comparé,
Bd. 75 (1952) S. 207.

[10] E. F o r s t h o f f , Einleitung „Vom Geist der Gesetze", 1951 S. VIII.

quieu das Faust-Wort, daß es „der Herren eigener Geist" sei, „in dem die Zeiten sich bespiegeln".

Das abgegriffene Urteil, Montesquieu habe hinter dem äußeren Gerüst der Institutionen die politische Wirklichkeit Englands nicht erkannt, er habe ob dem äußeren Schein den damals von sozialem Elend und Korruption erfüllten englischen Alltag nicht gesehen, geht aus zwei Gründen fehl. Zum einen belehren uns die nunmehr zugänglich gewordenen persönlichen Aufzeichnungen Montesquieus, daß dem scharfblickenden Franzosen die Schattenseiten der englischen Herrschaftspraxis keineswegs entgingen[11]. Zum anderen verkennt der erhobene Einwand das Grundbemühen Montesquieus. Der Verfasser des Esprit des Lois sah seine Aufgabe darin, die großen Linien des staatlichen Grundgefüges und mit ihnen den immanenten Sinn der Verfassungseinrichtungen zu erhellen. Bei dieser Zielsetzung durfte er mit Recht davon ausgehen, daß der Wert einer als Idee erfaßten Institution durch die Mängel in ihrer Verwirklichung und die Unzulänglichkeiten ihrer menschlichen Träger nicht beeinträchtigt werde. Mit Recht läßt M a u r i c e J o l y[12] in seinem geistvollen Zwiegespräch zwischen Macchiavelli und Montesquieu den Verfasser des Esprit des Lois sagen: „Der Mißbrauch von Einrichtungen ist kein Urteil gegen sie selbst".

Entscheidend kann somit nur sein, ob Montesquieu als Deuter des idealen Sinns der englischen Institutionen in die Irre ging, ob er selbst das allgemeine Strukturbild des britischen Staates verzeichnet hat. Viele Autoren zögern nicht, den Verfasser des Esprit des Lois gerade in dieser Beziehung einer Verfälschung der Tatsachen zu bezichtigen. Es scheint mir aber — und dies vorab auf Grund der neuen kritischen Montesquieu-Ausgabe des Franzosen J e a n B r e t h e d e l a G r e s s a y e[13] — aller Anlaß zu bestehen, dieses Urteil heute zu revidieren[14]. Die großen englischen Zeitgenossen,

---

11) Vgl. die Gesamtausgabe der Werke Montesquieu's, La Pléiade, Paris 1949/51 (zitiert „Gesamtausgabe") II S. 1358, 1405.

12) M. J o l y , Gespräche in der Unterwelt zwischen Machiavelli und Montesquieu (geschrieben 1864), 1948 S. 26.

13) J. B. d e l a G r e s s a y e , De l'Esprit des Lois, Les Belles Lettres, Paris 1950/55 (zitiert „de la Gressaye").

14) Vgl. auch schon C h . E i s e n m a n n , L'Esprit des Lois et la séparation des pouvoirs, Mélanges R. Carré de Malberg, 1933 S. 171 ff.

unter ihnen David Hume, sahen keinen Grund, gegenüber der im Esprit des Lois enthaltenen Deutung ihrer Verfassung Vorbehalte anzubringen; ja einer von ihnen hat dem Franzosen in aufrichtiger Begeisterung geschrieben: „Sie scheinen uns besser zu kennen, als wir selbst uns kennen[15]". Namentlich wurde dem nicht widersprochen, was in der Analyse des englischen Staatsaufbaues durch Montesquieu vielleicht am wenigsten selbstverständlich war. Herkömmlicherweise galt nämlich der britische Staat durch die klassischen vier Glieder „C r o w n, L o r d s, C o m m o n s, C o u r t s o f C o m m o n L a w" gekennzeichnet. Montesquieu reduziert die Quaternität zur Trinität, indem er die beiden doch so bildhaft getrennten Mächte L o r d s und C o m m o n s[16]) als eine einzige Gewalt deutete. Aber gerade dieser Betrachtungsweise gegenüber wurden keine Vorbehalte angebracht. Der berühmte englische Jurist W i l l i a m B l a c k s t o n e ist wenige Jahre später in seinen C o m m e n t a r i e s o n t h e L a w s o f E n g l a n d nicht anders verfahren[17]). Da wo das heutige englische Verfassungsbild am meisten vom Esprit des Lois abweicht, nämlich im parlamentarischen Regierungssystem, kann man gegenüber Montesquieu kaum den Vorwurf einer Mißdeutung erheben; er stand einer im wesentlichen erst eingeleiteten, jedenfalls noch keineswegs abgeschlossenen Entwicklung gegenüber.

Nicht anders als mit der historischen Glaubwürdigkeit Montesquieu's verhält es sich mit seiner gedanklichen Selbständigkeit gegenüber der früheren Staatstheorie. In mehreren französischen Ausgaben des Esprit des Lois fand sich und findet sich jetzt noch zu Kapitel 11/VI eine unbesehen von einer Auflage in die andere übernommene Anmerkung: „L e s i d é e s c o n t e n u e s d a n s c e c h a p i t r e s o n t p o u r l a p l u p a r t e x t r a i t e s d e L o c k e". Ein Vergleich der — übrigens bezeichnenderweise vielfach mit einer falschen Kapitelzahl zitierten — Quellenstelle bei J o h n L o c k e hätte unschwer erkennen lassen, daß jedenfalls die Darstellungs-

---

15) d e l a G r e s s a y e, II S. 45.

16) Vgl. B i l l o f R i g h t s vom 23. Okt. 1689 „Whereas the Lords Spiritual and Temporal, and Commons, assembled...". Hierzu auch S. B. C h r i m e s, English Constitutional History, 2. Aufl., 1955 S. 167/68.

17) d e l a G r e s s a y e, S. 45/46.

weise der beiden Autoren wenig miteinander gemein hat[18]). Im In-
halt sind zwar greifbare Anlehnungen an den „S e c o n d
t r e a t i s e o f c i v i l g o v e r n m e n t" feststellbar. Die Analogie
beschränkt sich indessen auf Probleme, die für Montesquieu kaum
sehr wesentlich waren. Die zentralen Anliegen der beiden Autoren
sind andere. Der Einfluß von Locke auf Montesquieu kann für
dessen Lehre jedenfalls nicht entscheidend gewesen sein. Wenn
hierüber auf Grund eines bloßen Textvergleichs noch Zweifel möglich wären, so scheinen mir diese nunmehr durch den vor wenigen
Jahren der Öffentlichkeit zugänglich gemachten und aufs sorg-
fältigste bearbeiteten Katalog der Schloßbibliothek von La Brède
beseitigt[19]).

III. Trennung oder Verbindung der Gewalten?

Ob Montesquieu den englischen Verfassungszustand richtig
deutete, ob seine Teilungslehre gegenüber L o c k e gedankliche Selbständigkeit aufweist, ist aber doch eine nur sekundäre Frage. In der
historischen Kontroverse spiegelt sich letztlich nur eine dogmatische
Streitfrage wider. Dieser dogmatische Zwiespalt rührt aus der
Ungewißheit über das Grundbemühen Montesquieus. Ging es dem
Franzosen um die Trennung oder um die Verbindung der Gewalten,
um Separierung oder Interdependenz? Wollte er die staatlichen
Letztinstanzen verselbständigen, oder wollte er sie im Gegenteil zu
einem System gegenseitiger Kontrolle verknüpfen?

Die beiden Begriffe „Gewaltentrennung" und „Gewaltenverbindung" sind in der Staatslehre vielfach als äußerlich unversöhnliche
Positionen, als eigentliche principia verstanden worden[20]). Montesquieu habe nicht erkannt — so wurde erklärt —, daß seine Lehre
z w e i Gesichter aufweise, daß sie in sich selbst eine nicht lösbare
Spannung trage[21]). Je nachdem, ob man dem Gesichtspunkt einer
Verselbständigung der Gewalten oder dem einer wechselseitigen

---

18) Was übersehen wird von H. F i n e r, Der moderne Staat, Bd. I, 1957
S. 188/89.
19) L. D e s g r a v e s, Catalogue de la bibliothèque de Montesquieu, 1954.
20) Vgl. z. B. W i n t r i c h / L e c h n e r, Die Verfassungsgerichtsbarkeit, in
„Die Grundrechte" Bd. III, 1959 S. 647.
21) d e l a G r e s s a y e, S. 51.

Kontrolle folge, gelange man zu gegensätzlichen praktischen Lösungen; je nachdem, welche Seite der Lehre man nach außen kehre, ergebe sich ein völlig anderes System der staatlichen Letztinstanzen. Die Staats- und Verwaltungsgerichtsbarkeit wurde vorzugsweise zum Bewährungsbeispiel für dieses unabwendbare Entweder-Oder genommen. Lege man Wert auf eine Gewalten-Separierung — so ist gesagt worden — dann stehe die Verfassungs- und Administrativ-Gerichtsbarkeit im Widerspruch zum Teilungsdogma. Die Verwaltungskontrolle durch verselbständigte Organe müsse dann — entsprechend der französischen Auffassung über die Stellung des Conseil d'Etat — materiell als Vollziehung, nicht als Justiz gedeutet werden. Lege man aber Wert auf ein System wechselseitiger Organkontrollen, dann stehe nichts entgegen, den Richter nach amerikanischem Beispiel und nunmehriger deutscher Ordnung mit der Überwachung der Legislative und der Exekutive zu betrauen.

Folgt man dieser Betrachtung, dann ist die Frage nach dem Primat von Gewaltenseparierung oder Gewaltenverbindung in der Tat nicht zu beantworten. Wird die Teilungslehre im Lichte der Alternative „Verselbständigung oder gegenseitige Kontrolle der Gewalten" gesehen, so entbehrt sie des sicher bestimmbaren Gehaltes. Man ist zwei sich ausschließenden Prinzipien gegenübergestellt, zwischen denen nicht gewählt werden kann, ohne sogleich der mit nämlichem Recht erhobenen Gegenthese zu rufen. Immer aber, wenn der erkennende menschliche Geist einer derartigen fatalen Alternative, einer letztlich überhaupt nicht vollziehbaren Wahl zwischen zwei sich ausschließenden Positionen gegenübersteht, bedarf die Fragestellung selbst einer kritischen Prüfung. Nicht lösbar zu sein, ist die Eigenheit aller Scheinfragen. Einer Scheinfrage kommt es z. B. nahe, ob die Gemeinschaft oder das Individuum das letzte Prinzip sei. Läßt sich also überhaupt danach fragen, ob es innerhalb der Teilungslehre primär auf die Separierung oder auf die gegenseitige Abhängigkeit der staatlichen Letztinstanzen ankomme?

Man kann die Antwort bei Montesquieu selbst suchen. Wer dies tut, wird die erstaunliche Feststellung machen, daß der große französische Staatsdenker dem prinzipiellen Entweder-Oder „Trennung oder Verbindung" aus dem Wege geht. Vergebens sucht man in den entscheidenden Partien des Esprit des Lois das Wort „séparation"; nur beiläufig wird an einer einzigen Stelle erklärt, daß die Freiheit nicht Bestand haben könne, „si la puissance de juger n'est pas separée de la puissance législative et de l'executrice"[22]). Dieses Zurücktreten einer uns alltäglich gewordenen Bezeichnung muß umsomehr auffallen, als die englischen Adjektive „separated" und „distinct" von John Locke bereits in augenfälliger Weise verwendet wurden[23]). Was Montesquieu zur Wahrung der bürgerlichen Freiheit fordert, ist nicht die Trennung der Gewalten, sondern — in beabsichtigter Unbestimmtheit — „une certaine distribution des trois pouvoirs[24])". Zum geflügelten Wort wurde der Begriff „séparation des pouvoirs" in Frankreich erst n a c h 1748, und zwar durch die politische Literatur des Alltags, durch die Pamphlete und Traktate, die in Frankreich während des 18. Jahrhunderts nicht weniger verbreitet waren als in England während des 17. Jahrhunderts. Erstmals in den sich verselbständigenden amerikanischen Kolonien wurde der Begriff der Gewaltenseparierung in die Verfassungssprache umgesetzt. Vier der zwischen 1776 und der Unionsgründung geschaffenen Verfassungen amerikanischer Einzelstaaten, zeitlich voran Virginia und inhaltlich am betontesten Maryland, nahmen in den Katalog der Grundrechte den Grundsatz auf, „That the powers should be separate and distinct[25])". Das Wort blieb freilich mehr Deklamation als konsequent befolgtes Gestaltungsprinzip. Der realistische Sinn der Schöpfer des amerikanischen Bundesstaates widersetzte sich daher der Aufnahme einer gleichen Erklärung in das Grundgesetz der Union.

Was in der zweiten Hälfte des 18. Jahrhunderts die französischen Pamphletisten schrieben und einzelne amerikanische Einzelstaaten in ihren Verfassungen verkündeten, wurde nachher gedanklich in das zur Bibel der bürgerlichen Freiheit gewordene französische Werk zurückprojiziert. Diese Rückprojektionen stehen einer unver-

---

[22]) De l'Esprit des Lois XI/6 Abs. 5.
[23]) L o c k e , Second treatise Nr. 143, 145, 147, 148, 159.
[24]) De l'Esprit des Lois XII/1 Abs. 2.
[25]) Federalist Nr. 47/48.

fälschten Wiedergabe der Gedanken Montesquieu's heute als fatales Hindernis entgegen.

Man kann aber auch die zum prinzipiellen Gegensatz gemachte Alternative „Gewaltentrennung" und „Gewaltenverbindung" in sich selbst kritisch analysieren. Das Ergebnis einer solchen Betrachtung wird sein, daß sich die beiden Vorstellungen nicht ausschließen, sondern daß sie im Gegenteil unsösbar aufeinander bezogen sind. Es gibt keine Gewaltentrennung ohne eine zugleich ins Auge gefaßte Gewaltenverbindung und es gibt keine gegenseitige Abhängigkeit der Gewalten, die nicht eine vorherige Gewaltenseparierung voraussetzt. Wer Funktionsgruppen unterscheidet, schafft eben durch das principium divisionis zugleich die Verbindung des Getrennten, und wer die Letztinstanzen durch ein Kontrollsystem aufeinander bezieht, hat diese zunächst als etwas voneinander Geschiedenes gedacht. So wie es im gesellschaftlichen Bereich keine Nur-Individuen und keine Nur-Gemeinschaften gibt, wie vielmehr Bürger und Staat in jeder Lage aufeinander bezogen bleiben, gibt es keine bloße Gewaltentrennung und keine bloße Gewaltenverbindung. Jedem differenzierten staatlichen Gefüge sind beide Aspekte eigen: es trennt und es verbindet, es verselbständigt und es fügt zusammen. Wollte man eine die fatale Alternative von Separierung und Interdependenz vermeidende Bezeichnung wählen, dann ließe sich vielleicht von Gewalten-Differenzierung[26]) sprechen. Als differenziert bezeichnet man üblicherweise ein Gefüge, das ohne Auflösung des Ganzen, in sich eine gliedernde Ausschichtung vollzogen hat.

Löst sich mit dieser Erkenntnis auch der grundsätzliche Gegensatz von Gewaltentrennung und Gewaltenverbindung auf, so heißt dies freilich nicht, daß jedes Gewaltensystem der gleichen Regel folge. Was wechselt, ist der Gesichtspunkt der Gewaltendifferenzierung. In ihm liegt das eigentliche Gestaltungsprinzip; von ihm und nicht von der Wahl zwischen Trennung und Verbindung hängen die verschiedenen Ausprägungen der Teilungslehre ab; aus ihm muß vor allem der Unterschied zwischen der französischen und der amerikanischen Spielart erklärt werden.

---

[26]) M. D r a t h, (Die Gewaltenteilung im heutigen deutschen Staatsrecht in „Die Faktoren der Machtbildung", Berlin 1952 S. 105) spricht plastisch von „Verschränkung".

IV. Gewaltenmehrheiten auf Grund rationaler Differenzierung der Staatsfunktionen

Nach heute vorherrschender Auffassung, nach der Lehrmeinung, wie man sie auf dem europäischen Kontinent jedem Studenten in den ersten Semestern vermittelt, ist die Gewaltenteilung an die sog. Funktionenlehre geknüpft. Primär werden nicht Staatsorgane, sondern Rechtsfunktionen, d. h. juristisch gekennzeichnete Formen der Staatstätigkeit unterschieden. Es wird differenziert nach der Art der Normsetzung. Allen nach vorab politisch-soziologischen Kriterien gekennzeichneten staatlichen Aktivitätsbereichen wie etwa der Regierungsgewalt, der auswärtigen Gewalt und der Finanzgewalt läßt sich daher innerhalb der modernen Funktionenlehre kein fester Platz geben. Damit steht die juristische Kategorienlehre in ständigem Kampf mit dem Bestreben nach möglichst bildhafter Kennzeichnung der staatlichen Tätigkeitsbereiche. Alles Bildhaft-Anschauliche vermeidend wird rein begrifflich zwischen generell-abstrakter und individuell-kontreter Normsetzung unterschieden. Die letztere, d. h. die Rechtsanwendung, wird sodann durch die Unterscheidung nichtstreitigen und streitigen Anordnens weiter untergegliedert. Damit entsteht die Funktionendreiheit: Rechtsetzung, Verwaltung und Rechtsprechung.

Steht das Gerüst der Funktionenlehre fest, so wird in einem zweiten gedanklichen Schritt die Brücke zur staatlichen Organisation geschlagen. Für jede Funktion wird ein besonderer organisatorischer Träger gefordert; den drei Funktionen Rechtsetzung, Verwaltung und Rechtsprechung haben die drei Organgruppen Legislative Exekutive und Gerichte zu entsprechen. Die Forderung nach personellen Unvereinbarkeiten rundet das System ab; jeder Einzelne soll nur in einer einzigen Gewalt Organträger sein.

Die Teilungslehre ist nun freilich nicht Selbstzweck, sondern Mittel zum Zweck, nämlich Garant der bürgerlichen Freiheit. Warum aber wird mit der Verwirklichung organisatorischer und personeller Gewaltenteilung zugleich auch der Freiheitsanspruch des Bürgers gesichert? Die Antwort ist jedermann geläufig. Es gilt als selbstverständlich, daß die Aufspaltung der Staatsgewalt der Autonomie des Einzelnen eine Chance gebe. Teilung bedeutet, die abgetrennten Teile zueinander in Gegensatz bringen. Das Gegeneinander der Machtträger läßt diese sich in gegenseitigen Kämpfen verzehren.

Diese Betrachtung erinnert — wie es E r n s t v o n H i p p e l geist-voll ausgedrückt hat[27] — recht sehr an das Märchen vom tapferen Schneiderlein; der Schwache läßt die Riesen gegeneinander kämpfen, um sich selbst den Weg freizumachen. So etwa stellt sich denn auch die landläufige Meinung die Wirkung der Teilungslehre vor. Und doch dürfte dieses Bild schwerlich eine befriedigende Deutung bringen. Die als selbstverständlich vorausgesetzte Zwangs-läufigkeit des Geschehens bleibt im Grunde unerklärt. Warum kann nicht auch das Gegenteil eintreten? Warum kann der Staat nicht auch „mit beiden Händen zuschlagen, mit dem Gericht und mit der Verwaltung[28]"? Warum kann es nicht geschehen, daß sich die geteilten Gewalten miteinander verbinden, um als geballte Macht den Bürger umso gründlicher zu überfahren? Um diese Annahme auszuschließen, muß eine das Geschehen unsichtbar ordnende Kraft mitgedacht sein — so wie im Märchen die Schlauheit des Schneider-leins die Riesen überlegt gegeneinander führt. Hinter der These, daß eine Gewaltenmehrheit die Freiheit des Bürgers festige, steht unausgesprochen der Glaube an ein Prinzip, das mit unsichtbarer Hand ordnet. Welches aber ist diese im Verborgenen webende Kraft?

Nicht mit irgend einer Aufgliederung der Staatsgewalt findet sich die moderne Teilungslehre ab. Sie verlangt Organgruppen ent-sprechend der Funktionendreiheit. Aus der Funktionenlehre ergibt sich somit letztlich die Motivierung der Teilungslehre. Die drei Prozesse, nämlich

1. rechtsetzen, d. h. als prima causa das allgemeine Prinzip schaffen,

2. verfügen, d. h. die Brücke vom Allgemeinen zum Konkreten schlagen und

3. urteilen, d. h. das spezifische juristische iudicium vollziehen

sind keine beliebigen gedanklichen Vorstellungen. Es klingen in

---

[27] E. v o n H i p p e l, Gewaltenteilung im modernen Staat, 1949 S. 10.
[28] J o l y, a. a. O. S. 88.

ihnen Grundformen der Vernunft, „Grundkategorien des rationalen
Erkennens an. Das wird am deutlichsten vielleicht im deutschen
Idealismus. K a n t setzte die drei juristischen Funktionen den drei
Gliedern des Syllogismus, des logischen Schlusses gleich[29]). Hegel
sieht in den drei staatlichen Grundgewalten nichts anderes als eine
Manifestation der sich im Dreischritt verwirklichenden allgemeinen
Vernunft[30]). Aber schon die späte scholastische Rechts- und Staatslehre — M a r s i l i u s   v o n   P a d u a z. B.[31]) — enthält Hinweise
darauf, wie sehr die Funktionenlehre als rationales Grundschema,
als eine Art begrifflichen Naturrechtes, ein Grundgerüst unserer ge-
samten Vorstellungswelt bildet. Die Funktionen-Dreiheit erscheint
im Lichte der Scholastik als ein vestigium trinitatis, als ein Abbild
der göttlichen Trinität und damit als Ausdruck ewiger Vernunft.

Die Rationalität der Funktionendreiheit geht somit als ordnen-
des Prinzip in die Mechanik der Staatsgewalten ein. Sie ermöglicht
das Einströmen des Vernünftigen in den Bereich der äußeren Macht,
in jenen Bereich, der — um mit J a k o b   B u r c k h a r d t zu
sprechen — an sich böse ist. Die Erhellung der Gewalt durch
rationale Differenzierung wird zur Hoffnung für den bedrohten
Bürger; wo das Licht der Vernunft leuchtet, da ist auch Freiheit.

So ist die Gewaltenteilungslehre, wie sie sich uns in ihrer Bin-
dung an die Funktionenlehre üblicherweise präsentiert, letztlich
eine Pflanze, gewachsen auf einer Staatsbetrachtung, die das Gesell-
schaftliche vorab aus der Ratio erhellt[32]). Sie ist in Deutschland
eine späte Frucht des philosophischen Idealismus, bereits abgelöst
von ihren Ursprüngen und darum vielfach nicht mehr verstanden
und für manche zum Relikt geworden.

A b e r   d i e s e   K o n z e p t i o n   d e r   G e w a l t e n t e i l u n g
i s t   n i c h t   d i e   L e h r e   M o n t e s q u i e u s. Der historische
Name wurde zum bloßen Symbol; es wurde mit ihm schließlich
eine Auffassung verbunden, die wohl einigermaßen dem gedanklichen Gerüst des Esprit des Lois, nicht aber dessen eigentlicher
Substanz entspricht. Die Dreiheitsvorstellung löste sich von der sie

29) I. K a n t , Metaphysische Anfangsgründe der Rechtslehre § 45.
30) H e g e l , a. a. O. §§ 273 ff.
31) M a r s i l i u s   v o n   P a d u a , Defensor pacis, 1958 S. 160/61.
32) O. K ü s t e r , Archiv des öffentlichen Rechts n. F. Bd. 35 (1949) S. 402.

zu Beginn tragenden Staatsanschauung; als leere Formel hat sie sich
schließlich mit einem anderen Gehalt erfüllt. Die Verirrung ging so
weit, daß im Namen Montesquieus als des angeblichen Begründers
der rationalen Teilungslehre am historischen Montesquieu Kritik
geübt wurde[33]). Er habe, so wurde in Rückprojektion der heutigen
Deutung des Teilungsdogmas gesagt, seine These nicht ohne Wider-
sprüche vorzutragen gewußt.

Der Boden, auf dem Montesquieu steht, ist ein gänzlich anderer
als der der überkommenen rationalen Teilungslehre. Vergebens
sucht man bei Montesquieu das Gerüst einer klar konzipierten
Funktionenlehre. Was er zur Kennzeichnung der drei Staats-
funktionen sagt, sind bestenfalls Bruchstücke; es ist als System
nicht faßbar, ja zum Teil von offenen Widersprüchen durchsetzt.
Das ist umso bedeutungsvoller, als Locke der heutigen rationalen
Teilungslehre im Grunde sehr viel näher stand. Für Locke war die
Funktionenlehre primär, für Montesquieu war sie im Grunde
nebensächlich und unwesentlich. Worin lag dann aber für den Verfasser des Esprit des Lois die Substanz des Teilungsdogmas? Nach
welchem Prinzip hat er die Staatsgewalt differenziert, wenn nicht
nach dem Gesichtspunkt der rationalen Funktionendreiheit?

V. Gewaltenteilung und Staatsformen

Eine äußere Analogie vermag vielleicht den Weg zu weisen. Die
Dreizahl der Gewalten steht für Montesquieu als nicht diskutier-
bare Gegebenheit fest; sie steht — um eine moderne Ausdrucks-
weise zu verwenden — fest wie ein Archetyp. Die Dreiheit ist seit
mehr als zweitausend Jahren ein Grundschema der Staatslehre[34]).
Einander gegenübergestellt wurden freilich nicht drei Gewalten,
sondern drei Staatsformen. Die gemeinhin mit dem Namen von
A r i s t o t e l e s verbundene, erstmals in den Schriften von
H e r o d o t nachweisbare, wahrscheinlich aber noch ältere Vorstellung geht dahin, daß die Grundkategorien jeden staatlichen
Gefüges in den drei Möglichkeiten „Monokratie, Aristokratie und
Demokratie" liegen. Man verkennt dieses Einteilungsschema, wenn

---

33) E i s e n m a n n , a. a. O. S. 173 ff.
34) Vgl. für das folgende: M. I m b o d e n , Die Staatsformen, 1959 S. 14 ff.

man es als reine Quantitätsaussage würdigt. Die klassische Staatsformenlehre differenziert nicht einfach nach der zufälligen Zahl der Herrschenden; es liegt ihr die Vorstellung qualitativ-struktureller Unterschiede zugrunde. Den drei Grundtypen entsprechen drei Gefüge, die von unterschiedlichen gemeinschaftsbildenden Kräften bestimmt sind: von der Autorität des Herrschers, von der Überlegenheit einer Elite oder von der dauernden Gegenwart einer genossenschaftlich geformten Gesamtheit.

Mit der bloßen Gegenüberstellung der Grundtypen hat sich indessen die klassische Staatsformenlehre nicht zufrieden gegeben. So alt wie die Typologie ist auch die Anschauung, daß die drei Urformen letztlich nicht voneinander getrennt werden können, daß sie nichts anderes sind als Aspekte einer niemals zerstörbaren, sich gegenüber jeder Einseitigkeit immer wieder behauptenden Ganzheit. In doppelter Weise ist diesem Gedanken Ausdruck gegeben worden. Die eine Variante ist die Zyklenlehre. Aus innerer Notwendigkeit soll die eine Staatsform in die andere umschlagen: die Einherrschaft wird zeitlich abgelöst von der Mehrherrschaft; die Mehrherrschaft erweitert sich zur Gesamtherrschaft, um sich schließlich durch die Machtergreifung eines Einzelnen wiederum zur Monokratie zu wandeln. Die andere, ideengeschichtlich weit bedeutsamer gewordene Anschauung vollzieht die Synthese der drei Urformen nicht durch die Annahme eines zwingenden zeitlichen Nacheinanders; der Ausgleich wird statisch vollzogen in der Formel der sog. gemischten Verfassung: jedes staatliche Gefüge soll z u - g l e i c h Züge und Merkmale aller drei Grundkategorien enthalten; monokratische Autorität, Wissen der Elite und genossenschaftliches Gemeinschaftsbewußtsein wirken ineinander. Dieser Gedanke struktureller Komplexität des staatlichen Gefüges wurde im zweiten vorchristlichen Jahrhundert durch den Griechen P o l y b i o s der römischen Staatslehre vermittelt. Er erfüllt die Lehre C i c e r o s und der späteren Stoa. Durch die Stoa fand die Anschauung des r e g i m e n c o m m i x t u m in die christlich-mittelalterliche und später auch in die humanistische Staatsanschauung Einlaß. Es läßt sich somit sagen, daß der Gedanke der gemischten Verfassung und mit ihr die aristotelische Staatsformenlehre während zweier Jahrtausende im Mittelpunkt des abendländischen Staatsdenkens stand. Die Lehre verlor sich in der späteren Aufklärung, als Rousseau ihr

eine letzte, bereits nicht mehr voll glaubhafte Referenz erwies. Der
Faden bricht somit in jenem Zeitpunkt ab, als die Lehre der Gewaltenteilung neu erstand.

Dieses zeitliche Zusammenfallen dürfte weit mehr als ein Zufall
sein. Nur auf dem Fundament der Staatsformenlehre läßt sich die
Gewaltenteilungslehre Montesquieus verstehen. In den „t r o i s
p u i s s a n c e s" wird die Vorstellung dreier zum r e g i m e n
c o m m i x t u m verbundener Strukturformen abgewandelt und
fortgesetzt. Ja, in einer zugespitzten Formulierung läßt sich sagen,
daß die moderne Teilungslehre das Erbe der klassischen Typenlehre
angetreten hat. Diese Erkenntnis ist nicht neu. Noch bis ins zweite
Drittel des 19. Jahrhunderts wurde immer wieder offen auf diese
Zusammenhänge hingewiesen[35]). Dann aber entschwand dieses
Wissen dem Bewußtsein der zeitgenössischen Staatslehre, bis in
neuester Zeit amerikanische Autoren in freilich noch etwas zag-
haften Andeutungen den Zusammenhang wieder herstellten[36]). Es
ist auch kein Zufall, daß gerade die Amerikaner vorausgingen.
Man unternehme es doch, die Frage zu beantworten, welcher klassischen Formenkategorie die heutige Union entspricht! Unschwer
lassen sich am Bild des nordamerikanischen Bundesstaates Züge
a l l e r Grundformen nachweisen. Das Charakteristische ist indessen, daß in jeder der drei Grundgewalten ein anderes Formen-
prinzip dominiert: in der Legislative das demokratische, in der
Exekutive das monokratische und in der Gerichtsbarkeit das aristo-
kratische. Ähnlich hatte schon Montesquieu das Bild des „gemä-
ßigten Staates" gezeichnet.

Eine verfeinerte Textkritik zeigt, daß die auffallende Hervor-
streichung des englischen Beispiels zur Begründung der Teilungslehre kaum dem ursprünglichen Konzept Montesquieus entsprochen
haben kann. In den politischen Studien Montesquieus geht die Auseinandersetzung mit dem römischen Staatsgedanken zeitlich voran;
sie erfüllt auch die späteren Kapitel des 11. Buches des Esprit des
Lois. Die 14 Jahre vor seinem Hauptwerk erschienenen „C o n s i -

---

[35]) Vgl. z. B. C. T. W e l c k e r , Über Bundesverfassung und Bundesform,
über Bildung und Grenzen der Bundesgewalt, 1834 S. 33/34.
[36]) C. J. F r i e d r i c h , Der Verfassungsstaat der Neuzeit, 1953 S. 196 ff.,
G. H. S a b i n e , A history of political theory, New York, 1951 S. 559.

dérations sur les causes de la grandeur des Romains" beruhen weitgehend auf Polybios. Wenn hier dargestellt wird, das Staatsbewußtsein des römischen Volkes, die Stärke des Senats und die Autorität der Magistraten hätten in Rom sinnvoll zusammengewirkt und durch dieses Zusammenwirken einen Mißbrauch der Macht verhindert, so schließt diese Aussage in seltsamer Weise zwei verschiedene Vorstellungen ein. Einmal klingt der alte Gedanke des regimen commixtum, der gemischten Verfassung, an. Dann aber weist diese These bereits auf die Gewaltenlehre hin. Die drei Instanzen, von denen jede einem andern Formprinzip folgt, sind auch durch ihre Tätigkeit geschieden. Die Staatsgewalt wird differenziert und gegliedert. Bereits in den „Discorsi" Macchiavells, die ebenfalls den römischen Staat zum Gegenstand haben, klingt ein ähnlicher Gedanke an.

Am Bild des nachrevolutionären England hat Montesquieu seine am römischen Staat entwickelte Auffassung bestätigt und weiterentwickelt gefunden. Er erkennt Großbritannien, wie er in seinen Tagebüchern schreibt, als „monarchie mêlée"[37]). Das Zusammengehen der Stände mit dem König und damit die Synthese von monarchischen, aristokratischen und demokratischen Gestaltungsprinzipien war zur versöhnenden Grundformel der englischen Herrschaft geworden. Sie findet sich in den Montesquieu bestens vertrauten Schriften[38]) von Jonathan Swift; sie findet sich weiter in Ansätzen, zum Teil aber auch schon voll entwickelt bei den englischen Utopisten, so vor allem in James Haringtons „Oceana"; ja sie geht zurück bis in die Zeit Elisabeths I., zu Thomas Smith und Georg Buchanan, deren Publikationen in der Bibliothek von La Brède nicht fehlten.

Den drei tragenden Staatsorganen entsprachen somit die drei klassischen Strukturformen[39]). Die Rechtsetzung vollzieht sich als Gesamtherrschaft, die nicht streitige Rechtsanwendung als Einherrschaft und die Justiz schließlich als Mehrherrschaft. Die Zugehörigkeit des aristokratischen Formprinzips zur Justiz mag vielleicht der

---

[37]) Montesquieu, „Gesamtausgabe" Bd. II S. 1049.
[38]) Montesquieu, „Gesamtausgabe" Bd. II S. 1076, 1369, 1386.
[39]) Küster, a. a. O. S. 403; E. von Hippel a. a. O. S. 14 ff.

auffallendste gedankliche Schritt sein. Wie sehr indessen diese Verbindung dem anglo-amerikanischen Common Law entspricht, hat aufs eindrücklichste Tocqueville dargestellt. Montesquieu will auch darin dem englischen Vorbild folgen, daß er die den Adel repräsentierende Parlamentskammer zugleich zum obersten Richter macht.

Die neue Gewaltendreiheit absorbiert die frühere Dreiheit der Strukturtypen. Das Zusammenwirken der „puissances" verkörpert eine instanzenmäßig kontrastierte gemischte Verfassung. Die klassischen staatlichen Strukturbilder „Monokratie, Aristokratie und Demokratie" werden gewissermaßen vertikal aneinander geschichtet. Die „monarchie modérée", das von Montesquieu gezeichnete Idealbild einer Verfassung, ist ein gewaltenteiliger Staat, in dem sich als Grundkräfte nicht nur r e x   e t   r e g n u m, sondern Herrscher, Elite und Volk gegenüberstehen. Das erklärt, warum Montesquieu in seiner eigenen Staatsformenlehre andere Wege einschlagen mußte. Waren die drei klassischen Staatsformen einmal zu Attributen der innerstaatlichen Gewalten geworden, dann konnten die nämlichen Formprinzipien nicht mehr den Staat als Ganzes kennzeichnen.

VI. Gewaltenteilung und Gründe der Herrschaftslegitimation

In der Teilungslehre des Esprit des Lois spiegelt sich aber nicht nur die klassische Staatsformenlehre wider. Es ist darin auch noch ein anderes Prinzip zu erkennen. Unausgesprochen erfüllt dieses seit Jahrhunderten die Staatslehre. Ins helle Bewußtsein gerückt wurde es aber erst in diesem Jahrhundert durch den größten modernen Soziologen, durch Max Weber.

Jede Herrschaft, soll sie nicht nur rohe Tyrannei sein, und sich nicht nur auf Furcht oder dumpfe Gewöhnung gründen, bedarf der inneren Rechtfertigung. Gedankliche Rechtfertigungssysteme, sog. Legitimationsgründe, pflegen die staatliche Ordnung zu stützen und beim gewaltunterworfenen Bürger den Gehorsamsanspruch des Rechtes zu motivieren. Zur Lehre von den drei Staatsformen und zur Lehre von den drei Gewalten hat die Staatssoziologie eine dritte Gliederung hinzugefügt. Es ist die Lehre von den drei Gründen legitimer staatlicher Herrschaft, die zu den großartigsten Par-

tien des kolossalen Werks Max Webers gehört[40]). Man kann
die drei Gefolgschaftssysteme als die rational-legale, die personen-
bezogene-traditionelle und die charismatische Herrschaft kennzeichnen. Das rational-legale Imperium gründet sich auf das durch
seine rationale Zweckmäßigkeit motivierte, vom Staat geschaffene
Gesetz. Weil die Norm formal allgemeinen Charakter aufweist und
weil sie inhaltlich bewußt geförderten Interessen dient, ist sie vernünftig. Innerhalb der personenbezogenen-traditionellen Herrschaft
dominiert der durch Herkommen geheiligte Gehorsamsanspruch der
konkreten Person; die persönliche Treue bildet das tragende Gerüst. Die charismatische Herrschaft schließlich beruht auf der Teilhabe an einer Heilslehre; der Herrschaftverband ist Gemeinschafts-
bildung in transzendent begründeter Gefolgschaft.

Es ist die Eigenheit aller großen Rechtskulturen, daß ihre Nor-
mensysteme in ihren Ursprüngen alle drei Herrschaftslegitimationen
in sich bergen. Rom ist das klassische Beispiel. Das Recht ist Ratio,
es ist erhellende Vernunft. Das Recht ist aber auch Wille; als Wille
schlägt es ein persönlich geprägtes Band vom Befehlenden zum
Gehorchenden. Das Recht ist schließlich Gefäß für Werte trans-
zendenten Ursprungs; sie werden symbolisiert durch den uralten
Mythos der göttlichen Stiftung der Rechtsordnung. Auch die
mittelalterliche Formel des „guten alten Rechts" weist auf die drei
Legitimationsgründe hin. Das Alter ist ein Maß personenbezogener-
traditioneller Herrschaft; gut aber bedeutet „i u s t e e t r a t i o -
n a b i l i t e r", nach der ewigen Ordnung gerecht und nach mensch-
lichem Urteil vernünftig.

Im modernen souveränen Staat ist diese selbstverständliche Einheit der Legitimationsgründe gestört, ja zerbrochen. Die drei recht-
fertigenden Attribute der Herrschaft, Ratio, persönliche Treue und
Teilhabe an ewigen Werten, wurden zu Prinzipien, die sich gegen-
seitig ausschließen und sich als prinzipielle Alternativen gegenüberstehen. Diese Entwicklung wird faßbar an einem Grundproblem
der modernen Staatslehre, nämlich an der sog. Rechtfertigungsfrage.
Alles staatliche Recht kann auf die Verfassung als den obersten
Geltungsgrund zurückgeführt werden. Warum aber gilt die Verfassung? Warum ist das Gebot des obersten, sich allein durch die

---

[40]) Max Weber, Wirtschaft und Gesellschaft, 4. Aufl., 1956 S. 124 ff.

tatsächliche Macht behauptenden Normsetzers verbindlich? In der Gegensätzlichkeit der Antworten spiegeln sich weitgehend die Unterschiede der Legitimationsvorstellungen wider. Das als letzter Rechtfertigungsgrund der Rechtsordnung angeführte Prinzip ist zumeist nichts anderes als Aktualisierung und Sinnbild e i n e r Legitimationsvorstellung. Wer nach dem Schema des Contrat social die staatliche Ordnung letztlich auf die Zustimmung des Bürgers gründet, motiviert in Kategorien personenbezogenen Ordnens. Die Vorstellung vom verpflichtenden Charakter eigener Erklärungen, das „sich beim eigenen Wort behaften lassen", ist der Ausdruck ursprünglichster personeller Eigenwürde. Alles Naturrecht aber ist letztlich Charisma. Eine rationale Herrschaftsmotivierung schließ-lich verbindet sich zumeist mit der Postulierung einer a priori fest-stehenden Grundform. Bei K e l s e n ist der Zusammenhang offenbar.

Welcher Legitimationsvorstellung folgt Montesquieu? Die l e x als das sichtbar geschaffene Gesetz versteht er als r a t i o s c r i p t a. „L e s l o i s , d a n s l a s i g n i f i c a t i o n l a p l u s é t e n d u e , s o n t l e s r a p p o r t s n é c e s s a i r e s q u i d e r i v e n t d e l a n a t u r e d e s c h o s e s", so lauten die berühmten Eingangs-worte des Esprit des Lois. Dem Erlaß des positiven Gesetzes setzt indessen Montesquieu die richterliche Rechtsschöpfung entgegen. Die zweite Kammer als Adels-Repräsentation hat zugleich die Befugnis, das gesetzte Recht zu mildern und damit neben der lex scripta eine andere Ordnungsschicht, nicht das geschaffene, sondern das gefundene Recht, zu aktualisieren. Der Hinweis auf das eng-lische C o m m o n L a w ist nicht zu überhören. Die Justiz wird zum Repräsentanten einer dominant traditionell-personenbezo-genen Rechts- und Herrschaftsbegründung. Aber auch der Gedanke eines letztlich aus einer überirdischen Quelle fließenden Rechts klingt bereits in der Rechtsprechung an. Noch deutlicher sind diese charismatischen Züge in der monarchischen Spitze der Exekutive. An die drei Gewalten bindet somit Montesquieu auch die drei Legitimationsprinzipien. Die Zuordnung entbehrt freilich insofern der Eindeutigkeit, als zwar die Legislative das rationale Prinzip verkörpert, die beiden anderen Legitimationsvorstellungen indessen — wenn auch mit unterschiedlichem Gewicht — sowohl in der vollziehenden wie auch in der richterlichen Gewalt beheimatet erscheinen.

Wie die drei Gewalten zu den kontrastierten Trägern dreier verschiedener Formprinzipien werden, wie sich in ihrem Zusammenwirken der Gedanke der unlösbaren Bezogenheit von Einherrschaft, Mehrherrschaft und Gesamtherrschaft vollzieht, so ist die Teilungslehre zugleich auch ein Integrationsbild der verschiedenen Herrschaftslegitimationen[41]). Die Gewalten symbolisieren unterschiedliche Motive für den Geltungsanspruch der staatlichen Ordnung. Ihr Nebeneinander und ihr Ineinanderwirken drückt die alte Erfahrung aus, daß a l l e Rechtfertigungsvorstellungen korrelativ zusammengehören, daß sie in sich eine natürliche und ursprüngliche Ganzheit verkörpern.

Nur aus dieser Sicht wird eine vielfach übersehene, indessen höchst bedeutsame Eigenart der im Esprit des Lois gezeichneten „m o n a r c h i e m o d é r é e" verständlich. Der vorkonstitutionelle Staat ist in unserem historischen Bewußtsein der Polizeistaat. Das hat es uns zur Gewohnheit werden lassen, in der Gewaltenteilung vor allem ein Mittel zur wirksamen Beschränkung der Exekutive zu sehen. Montesquieu setzt die Gewichte anders; der F e d e r a l i s t ist ihm in wesentlichen Teilen gefolgt. Das Bestreben Montesquieus geht dahin, die Macht des G e s e t z g e b e r s einzuschränken. „C a r l ' é x é c u t i o n , a y a n t s e s l i m i t e s p a r s a n a t u r e , i l e s t i n u t i l e d e l a b o r n e r"[42]), so lautet ein erstaunliches Wort des Esprit des Lois. Für den Gesetzgeber umgekehrt gelten keine immanenten Schranken seiner Wirksamkeit. Drei institutionelle Sicherungen sollen daher der von Montesquieu befürchteten potentiellen Allmacht der Legislative entgegenwirken: In erster Linie das Veto, d. h. die repressive Einwirkung der Exekutive auf die Rechtsetzung, an zweiter Stelle das Zweikammersystem und als drittes das Recht der traditionsgebundenen Adelsrepräsentation, „à modérer la loi en faveur de la loi même"[43]). Im modernen bürokratischen Gesetzgebungsstaat hat die rationale Herrschaftslegitimation überhand genommen. Das Maß des Ver-

---

41) I m b o d e n , a. a. O. S. 69 ff.
42) Esprit des Lois XI/6 Abs. 43.
43) Esprit des Lois XI/6 Abs. 49.

22

nünftig-Zweckmäßigen ist zur alles erdrückenden Dominante geworden. Die personenbezogenen Regeln sind verblaßt wie die Normen, die ursprüngliche Wertteilhabe ausdrücken. Montesquieu hat diese in der Zukunft drohende gefährliche Einseitigkeit in intuitiver Hellsicht erkannt. Durch institutionelle Bannung der sich rational legitimierenden Legislative will er sich der drohenden Entwicklung entgegenstellen, auch hier auf Herbeiführung eines ebenmäßigen Gleichgewichts der Grundkräfte bedacht.

VII. Bildhaft-Machung der strukturellen Grundkräfte

Die moderne Kritik der Gewaltenteilungslehre hat einem Einwand gerufen, der die Problematik des überkommenen Dogmas klar erhellt. Es genüge nicht, so ist gesagt worden, daß überhaupt drei als Legislative, Exekutive und Judikative geschaffene Gewalten bestehen. Erforderlich sei, daß sich jede der drei Letztinstanzen kraft eines ihr anhaftenden besonderen strukturellen Prinzips als etwas Selbständiges und Eigenes durchsetze. Allein ihre funktionelle Differenzierung soll es somit den drei Organen nicht erlauben, sich im politischen Kraftfeld zu behaupten und sich dem Bewußtsein des Bürgers einzuprägen[44].

Mit dieser Kritik wird der Weg freigelegt, um zum wahren und unverfälschten Montesquieu zurückzukehren. Für den Verfasser des Esprit des Lois stand das Bemühen im Vordergrund, den drei Gewalten eigene Daseinskraft zu geben, sie nicht nur durch ihr funktionelles Verhältnis aufeinander zu beziehen, sondern an ihnen die Komplexität der staatlichen Grundkräfte sichtbar werden zu lassen[45]. In Anlehnung an die klassische Staatsformenlehre sollte jede Gewalt einem eigenen Strukturbild folgen. In Vorausnahme dessen, was Max Weber in ein festgefügtes wissenschaftliches Schema brachte, sollte sodann jede Gewalt durch einen spezifischen Legitimationsgrund getragen sein. So stehen drei Instanzen nebeneinander als mächtige Säulen, an denen sich die von Smend als Integration bezeichnete Aktualisierung des Gemeinschaftsbewußt-

---

[44] W. Weber, Spannungen und Kräfte im westdeutschen Verfassungssystem, 2. Aufl., 1958 S. 45.
[45] Drath, a.a.O. S. 101/102.

seins vollzieht. Sie sind die Träger, an die das Kollektiv seine
Leitbilder heftet. Die „T r o i s p u i s s a n c e s" falten durch ihre
Kontraststellung auseinander, was als unreflektierte Ganzheit in
einem ursprünglichen und primitiven Kollektiv enthalten ist. Sie
ermöglichen einen Prozeß differenzierender Entwicklung. Sie werden zu Stützen eines sich formenden und vertiefenden Gemein-
schaftsbewußtseins.

Am Beginn des abendländischen Denkens über den Staat steht
das Werk Platons. Es will den Staat als Abbild der menschlichen
Seele begreifen, und es läßt die Seele in einem deren Struktur
reflektierenden sozialen Gefüge entfalten. Für den Schweizer,
dessen Staatsdenken von jeher dem Moralisch-Pädagogischen besonders zugetan war und dessen Umweltsbetrachtung auch heute
wieder entscheidend durch die psychologische Lehre bestimmt wird,
mag diese Sicht in besonderem Maße faszinierend sein. Das Strukturbild des Staates steht mit dem Strukturbild unserer Seele in eng-
ster Beziehung. Was außer uns ist, weist darauf hin, was in uns
ist. Unser eigenes Streben ist Ringen um Bewußtsein, um Entfal-
tung unseres verantwortlichen und freien Selbst, um Zurück-
drängen des Unerhellten. Ein Vordringen des Bewußtseins kann
sich stets nur durch Differenzierung vollziehen. Durch kontrastie-
rendes Öffnen der in primitiver Unreflektiertheit verschlungenen
Gegensätze erhellt sich unser Inneres und erhellt sich unsere Umwelt. Durch die Differenzierung der äußeren Gewalten wird den
bewußten Vorstellungsinhalten des Kollektivs ein Vordringen ermöglicht. Das staatliche Gefüge wird zur Stütze eines Prozesses, der
sich in uns selbst vollzieht. Von hier aus fällt vielleicht auch ein
Licht auf zwei große Fragen der allgemeinen Staatslehre.

Einmal läßt sich, wie mir scheint, eine bessere und überzeugendere
Erklärung dafür geben, warum die Gewaltenteilung ein Garant der
menschlichen Freiheit sei. Nicht die Zwangsläufigkeit institutio-
neller Mechanismen gibt der Autonomie des Einzelnen eine größere
Chance. Auch die immanente Rationalität der Funktionendreiheit
hat schwerlich diesen Erfolg. Die Erklärung ergibt sich aus der Be-
einflussung des Subjektes, aus einer beim Bürger veränderten Be-
wußtseinslage. Durch die Gewaltenseparierung entstehen für den
Einzelnen symbolhafte und vielfach auch reale Kontraste. Damit

werden Stützen geschaffen für das Herausholen undifferenzierter Vorstellungsinhalte in das helle Licht des Erkannten. Das bürgerliche Bewußtsein wird vermehrt. Die in ihrer ursprünglichen Ungegliedertheit den Einzelnen ständig bedrohende, ihn als unfaßbare Übermacht verschlingende Gewalt des Kollektivs wird faßbar. Die Chance des individuellen Bewußtseins, erhellend ins Kollektiv vorzudringen, wächst. Je mehr sich der Mensch vom Unerhellten ablöst, desto mehr wird er zur Freiheit geführt. Die von Montesquieu geforderte Differenzierung der Herrschaft durch Bildhaftmachung ihrer Kontraste und Prinzipien macht die soziale Umwelt zum bewohnbaren Land; sie führt die staatliche Herrschaft auf menschliches Maß zurück. Sie bedeutet die Humanisierung der Gewalt, die Durchdringung der verschlingenden Macht v o n i n n e n h e r.

Als Zweites sei auf die seit R o u s s e a u zum prinzipiellen Entweder-Oder gewordene Gegenüberstellung von Demokratie und Gewaltenteilung hingewiesen. Das Volk als „Souverain" hat in der überkommenen Dreigliederung keinen Platz[46]). Es steht, wie treffend gesagt worden ist, als „große Gewalt" den geformten staatlichen Instanzen gegenüber[47]). Kommt, wie es Rousseau lehrt, der Volkssouveränität der Primat zu? oder hat im Gegenteil, wie es zurückgreifend auf frühkonstitutionelle Anschauungen neuerdings wieder gefordert wurde, die Demokratie dem gegliederten Gewaltengefüge zu weichen? In der falschen Fragestellung liegt auch hier die Verzerrung der Wirklichkeit. Es kann keinen Weg gegen die Demokratie und keinen gegen den gegliederten Rechtsstaat geben. Es gibt nur einen Weg mit beiden. Der Demos und das gegliederte Gewaltengefüge sind Kräfte, die unlösbar aufeinander bezogen sind. Ihr spannungserfülltes Miteinander macht den Rhythmus gestaltenden Lebens aus. Löst sich die kunstvoll gewobene Gewalten-Struktur von dem sie tragenden Grund, dem Volk, dann verliert sie sich im Leeren; sie wird zum zerbrechlichen Glasperlenspiel, zur schwerelosen Form. Der ungestaltete Demos aber, dem man das differenzierende Gefüge vorenthält, fällt zurück in die Dumpfheit, in der der Einzelne der Macht erliegt; er vollzieht die

---

46) P. S c h n e i d e r, Archiv des öffentlichen Rechtes n. F. Bd. 43 (1957) S. 8.
47) H. M a r t i, Urbild und Verfassung, 1958 S. 132.

Regression ins Ungeformte, in den verschlingenden Urgrund. Die Synthese der beiden Pole verspricht allein eine Hoffnung in die Zukunft. Die Verbindung von Demokratie und Rechtsstaat, von Mehrheit und Autorität, wird damit zur großen Gegenwartsaufgabe.

Gewiß bleibt das die soziale Grundstrukturen und Grundkräfte verbildlichende Gewaltengefüge nicht an die Dreiheitsformel gebunden. Andere, weit differenziertere, mitunter aber auch einfachere Gestaltungsformen bleiben möglich und erfüllen die Wirklichkeit. Im schweizerischen Staat — in der schweizerischen Gemeinde vorab, aber auch im Kanton — ist das Bild einer aus dem Spätmittelalter stammenden genossenschaftlichen Gemeinschaft lebendig geblieben, die im tragenden Aufriß eine Zweiheit von Organen kennt; das Nebeneinander von Rat und Volk macht die schöpferische Spannung aus. In den meisten modernen Staaten aber, so auch in der amerikanischen Union, ist die Instanzendreiheit durch komplexere Formen, vor allem durch ein kunstvolles System sich überkreuzender Dualismen, abgelöst. Der amerikanische Senat z. B. ist nicht nur Teil der Legislative, er ist eine Gegenkraft zur Regierung wie zur eigentlichen Volksvertretung. So besteht heute aller Anlaß, bei Kennzeichnung einer konkreten Verfassung nicht unbesehen nach dem Dreiheitsschema zu verfahren. Dennoch widerlegen diese Abweichungen von der überkommenen Formel die Lehre Montesquieu's nicht. Die Richtung, in der alle Gestaltungsversuche weisen, bleibt die nämliche. Aus der Differenzierung entsteht das gestaltete Gefüge: aus der Erfahrung und der Überwindung des Kontrastes entsteht das erhellende Bewußtsein. So fördert die Gewaltentrennung nicht nur die Freiheit, sondern sie ermöglicht erst eine vertiefte und dauerhafte menschliche Gemeinschaft. Als ewiges Prinzip steht sie unter dem Urwort G o e t h e s: „Denn keine Zeit und keine Macht zerstückelt geprägte Form, die lebend sich entwickelt".

SAMMLUNG GU GUTTENTAG

*Nr. 2: **Strafgesetzbuch** (Kohlrausch-Lange). DM 38,—

Nr. 4: **Handelsgesetzbuch** (Heymann-Kötter). DM 18,—

Nr. 5: **Wechselgesetz** (Stranz). DM 32,—

*Nr. 29: **Genossenschaftsgesetz** (Lang-Weidmüller). DM 24,—

*Nr. 34: **Abzahlungsgesetz** (Crisolli-Ostler). DM 38,—

Nr. 36: **Binnenschiffahrts- und Flößereirecht** (Vortisch-Zschucke). DM 33,—

Nr. 36a: **Binnenschiffsverkehrsgesetz** (Vortisch). DM 5,80

*Nr. 37: **Wettbewerbsrecht** (Godin-Hoth). DM 28,—

*Nr. 38/39: **Bürgerliches Gesetzbuch** (Achilles-Greiff). DM 38,—

*Nr. 41: **Börsengesetz** (Meyer-Bremer). DM 36,—

*Nr. 42: **Grundbuchordnung** (Hesse-Saage-Fischer). DM 38,—

*Nr. 46: **Freiwillige Gerichtsbarkeit** (Jansen). DM 45,—

Nr. 50: **Viehgewährschaftsrecht** (Lerche). DM 29,40

*Nr. 196: **Wehrstrafgesetz** (Rittau). DM 16,—

Nr. 203: **Depotgesetz** (Opitz). DM 48,—

Nr. 205: **Aktiengesetz** (Godin). DM 52,—

Nr. 212: **Wasser- u. Bodenverbandrecht** (Bochalli-Linckelmann). DM 10,—

Nr. 218a: **Urheberrecht** (Voigtländer-Elster-Kleine). DM 20,—

Nr. 230: **Ehegesetz** (Godin). DM 22,—

Nr. 232: **Rückerstattung feststellbarer Vermögensgegenstände** (Godin-Godin). DM 30,—

Nr. 238: **Gesetz über die Mitbestimmung der Arbeitnehmer in den Aufsichtsräten u. Vorständen des Bergbaus und der Eisen und Stahl erzeugenden Industrie** (Kötter). DM 16,—

Nr. 239: **Grundpfandrechte und Währungsumstellung** (Nehlert). DM 12,—

Nr. 239a: **Aufbaugrundschuld und Hypothekengewinnabgabe** (Nehlert). DM 4,20

Nr. 240: **Neuere haushaltsrechtliche Bestimmungen** (Greuner). DM 18,—

Nr. 241: **Vermögensrechnung des Bundes** (Helmert). DM 24,—

Nr. 242: **Das Recht des Schiffskredits** (Prause). DM 58,—

Nr. 243: **Pachtkreditgesetz** (Sichtermann). DM 10,—

*Nr. 244: **Patent- und Gebrauchsmustergesetz** (Busse). DM 48,—

*Nr. 245: **Staatsangehörigkeitsrecht** (Schätzel). DM 38,—

*Nr. 246: **Warenzeichengesetz** (Busse). In Vorbereitung

*Nr. 247: **Mitbestimmungs-Ergänzungsgesetz** (Holding-Novelle). (Kötter). DM 22,—

*Nr. 248: **Enteignung von Grundeigentum** (Meyer-Thiel-Frohberg). DM 34,—

*Nr. 249: **Jugendgerichtsgesetz** (Grethlein). DM 32,—

*Nr. 250: **Kostenrecht in Sozialsachen** (Tschischgale). DM 40,—

Die Neuerscheinungen sind mit * bezeichnet.

WALTER DE GRUYTER & CO. / BERLIN W 35
vormals G. J. Göschen'sche Verlagshandlung · J. Guttentag, Verlagsbuchhandlung
Georg Reimer · Karl J. Trübner · Veit & Comp.

Veröffentlichungen der Vereinigung der Deutschen Staatsrechtslehrer

4. Heft. **Das Recht der freien Meinungsäußerung — Der Begriff des Gesetzes in der Reichsverfassung.** Berichte von K a r l R o t h e n - b ü c h e r , R u d o l f S m e n d , H e r m a n n H e l l e r und M a x W e n z e l. Oktav. 215 Seiten. 1927. DM 15,—

8. Heft. **Kabinettsfrage und Gesetzgebungsnotstand nach dem Bonner Grundgesetz — Tragweite der Generalklausel Art. 19 Abs. 4 des Bonner Grundgesetzes.** Bericht von W a l t e r J e l l i n e k , H a n s S c h n e i - d e r , F r i e d r i c h K l e i n und H e i n r i c h H e r r f a h r d t. Oktav. 171 Seiten. 1950. DM 12,—

9. Heft. **Die Grenzen der Verfassungsgerichtsbarkeit — Die Gestaltung des Polizei- und Ordnungsrechts in den einzelnen Besatzungszonen.** Berichte von E r i c h K a u f m a n n , M a r t i n D r a t h , H a n s J u l i u s W o l f f und O t t o G ö n n e n w e i n. Oktav. 224 Seiten. 1952. DM 22,—

10. Heft. **Ungeschriebenes Verfassungsrecht — Enteignung und Soziali- sierung.** Berichte von E r n s t v. H i p p e l , A l f r e d V o i g t , H a n s P e t e r I p s e n und H e l m u t K. J. R i d d e r. Oktav. 185 Seiten. 1952. DM 15,—

11. Heft. **Die staatliche Intervention im Bereich der Wirtschaft (Rechts- formen und Rechtsschutz) — Die Gegenwartslage des Staatskirchen- rechts.** Berichte von U l r i c h S c h e u n e r , A d o l f S c h ü l e , W e r n e r W e b e r und H a n s P e t e r s. Oktav. 271 Seiten. 1954. DM 21,—

12. Heft. **Begriff und Wesen des sozialen Rechtsstaates — Die auswärtige Gewalt der Bundesrepublik.** Berichte von E r n s t F o r s t h o f f , O t t o B a c h o f , W i l h e l m G r e w e , E b e r h a r d M e n z e l. Aussprache zu den Berichten. Oktav. 274 Seiten. 1954. DM 24,—

13. Heft. **Der deutsche Staat im Jahre 1945 und seither — Die Berufs- beamten und die Staatskrisen.** Berichte von A. Freiherr v o n d e r Heydte, G ü n t e r D ü r i g , R i c h a r d N a u m a n n , H a n s S p a n n e r. Oktav. 202 Seiten. 1955. DM 18,—

14. Heft. **Die Finanzverfassung im Rahmen der Staatsverfassung — Ver- waltung und Verwaltungsrechtsprechung.** Berichte von K a r l M. H e t t - l a g e , T h e o d o r M a u n z , E r i c h B e c k e r , H e l m u t R u m p f. Oktav. 219 Seiten. 1956. DM 19,60

15. Heft. **Das Gesetz als Norm und Maßnahme — Das besondere Gewalt- verhältnis.** Berichte von C h r i s t.- F r i e d r. M e n g e r , H e r b e r t K r ü g e r , H e r b e r t W e h r h a h n , C a r l H e r m a n n U l e. Oktav. III, 235 Seiten. 1957. DM 21,50

16. Heft. **Parlament und Regierung im modernen Staat — Die Organi- sationsgewalt.** Berichte von E r n s t F r i e s e n h a h n , K a r l J o s e f P a r t s c h , A r n o l d K ö t t g e n , F e l i x E r m a c o r a. Oktav. 283 Seiten. 1958. DM 24,—

17. Heft. **Die verfassungsrechtliche Stellung der politischen Parteien im modernen Staat — Das Verwaltungsverfahren.** Berichte von K o n r a d H e s s e , G u s t a v E. K a f k a , K a r l A u g u s t B e t t e r m a n n , E r w i n M e l i c h a r. Oktav. 255 Seiten. 1959. DM 24,—

Angaben über Heft 1—4 auf Anfrage.

W A L T E R D E G R U Y T E R & C O. / B E R L I N W 35
vormals G. J. Göschen'sche Verlagshandlung · J. Guttentag, Verlagsbuchhandlung
Georg Reimer · Karl J. Trübner · Veit & Comp.

Im Herbst 1959 beginnt zu erscheinen:

WÖRTERBUCH
DES VÖLKERRECHTS

Begründet von Professor Dr. K a r l S t r u p p

In völlig neu bearbeiteter zweiter Auflage herausgegeben von **Dr. iur.
HANS-JÜRGEN SCHLOCHAUER**, o. ö. Professor an der Universität
Frankfurt am Main, unter Zusammenarbeit mit Professor Dr. Herbert
Krüger, Prof. Dr. Hermann Mosler und Professor Dr. Ulrich Scheuner
in Verbindung mit der Deutschen Gesellschaft für Völkerrecht.

Die veränderte weltpolitische Lage und die Fortentwicklung des
Völkerrechts seit dem Erscheinen des Werkes lassen eine Neu-
auflage des Wörterbuches jetzt geboten erscheinen. Sie erstrebt
eine möglichst gleichmäßige Bearbeitung aller internationalrecht-
lichen Fragen.

Dieses Ziel macht eine völlige Neubearbeitung und eine weit-
gehende Umgestaltung der ersten Auflage erforderlich. Aus ihr
sind etwa die Hälfte der Stichwörter nicht übernommen worden,
so daß jener Auflage, vor allem zu historischen Fragen, weiter-
hin Bedeutung zukommt. Den erhalten gebliebenen, zum großen
Teil aber in einen anderen Zusammenhang gestellten Titeln sind
etwa 700 neue Stichwörter hinzugefügt. Infolge der prägnanten
Fassung der Artikel und der wechselseitigen Abstimmung der
Beiträge überschreitet die Behandlung von nunmehr ca. 1200
Stichwörtern dennoch nicht den Umfang der ersten Auflage. Die
Beiträge sind, im Interesse der Einheit des Gesamtwerkes,
durchweg im Sommer 1959 abgeschlossen.

Die neue Auflage wird drei Bände von je ca. 800 Seiten umfassen.
Der erste Band, der die Stichwörter „Aachener Kongreß" bis
„Hussar-Fall" enthält, wird geschlossen (nicht in Lieferungen)
im Herbst 1959 ausgegeben werden. Herausgeber und Verlag sind
bestrebt, das Werk bis zum Jahre 1961 abzuschließen.

Der Ladenpreis des ersten Bandes in Halbleder wird etwa DM 160,—
betragen. Der Kauf des ersten Bandes verpflichtet zur Abnahme des
Gesamtwerkes.

*Ein Prospekt mit Probeseiten und dem Verzeichnis der Mitarbeiter
steht zur Verfügung.*

WALTER DE GRUYTER & CO. / BERLIN W 35
vormals G. J. Göschen'sche Verlagshandlung / J. Guttentag, Verlagsbuchhandlung / Georg Reimer / Karl J. Trübner / Veit & Comp.